Zu welcher Gruppe gehört das Nomen?

Menschen , Tiere , Pflanzen oder Dinge ?

Namen für Menschen, Tiere, Pflanzen und Dinge sind Nomen.

Nr.	Nomen	Menschen	Tiere	Pflanzen	Dinge
13	der Hase	4	9	11	3
14	das Gras	3	8	7	10
15	der Vater	11	5	6	7
16	die Schülerin	10	7	2	9
17	das Hemd	1	6	12	2
18	die Maus	2	12	5	11
19	die Rose	8	4	1	12
20	die Uhr	5	1	9	4
21	die Oma	6	2	4	8
22	der Baum	12	10	8	6
23	der Hund	9	3	10	1
24	die Puppe	7	11	3	5

Welcher bestimmte Artikel passt?

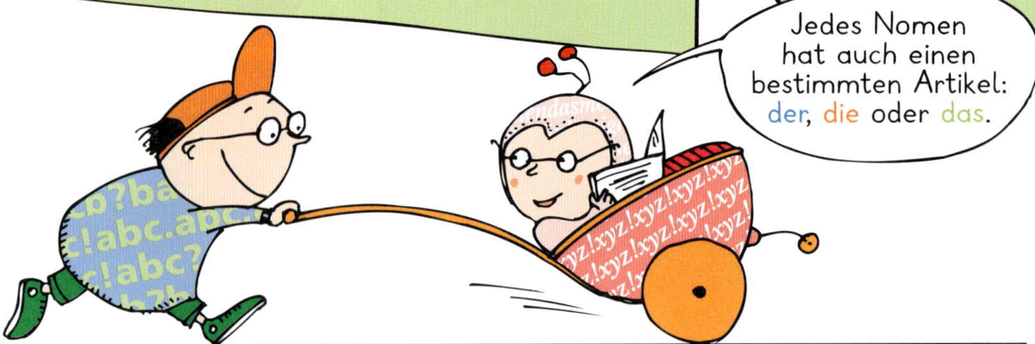

1  Blume	2  Fisch	3  Hose
der 5 · die 10 · das 12	der 12 · die 6 · das 4	der 6 · die 7 · das 3
4  Fenster	5  Brief	6  Mädchen
der 2 · die 8 · das 9	der 1 · die 9 · das 8	der 9 · die 4 · das 11
7 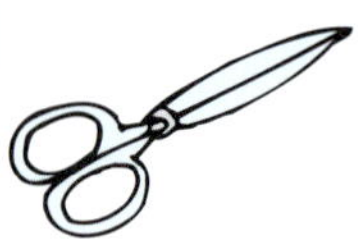 Schere	8  Wurst	9  Apfel
der 3 · die 5 · das 10	der 11 · die 3 · das 7	der 8 · die 12 · das 1
10 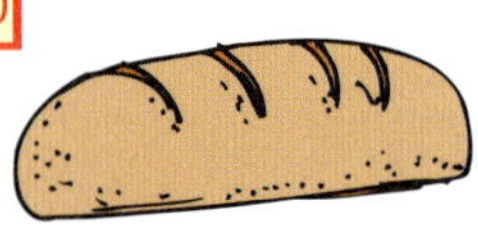 Brot	11  Käfig	12  Boot
der 7 · die 11 · das 2	der 4 · die 1 · das 5	der 10 · die 2 · das 6

So wird es gemacht:

Öffne das LÜK®-Kontrollgerät und lege die Plättchen in den unbedruckten Deckel.
Jetzt kannst du auf den Plättchen und im Geräteboden die Zahlen 1 bis 24 sehen.

Beispiel: Seite 2
Was ist das für ein Eigenname?

Nimm das Plättchen 1 und sieh dir Aufgabe 1 an. Junge oder Mädchen? Die richtige Antwort lautet: Paul ist ein Junge.
Zur richtigen Antwort gehört die Zahl 22. Die 22 ist auch die Feldzahl im Kontrollgerät, auf die du das Plättchen 1 legst, also Plättchen 1 auf das Feld 22 im Geräteboden.
Die Zahl **1** muss nach oben zeigen.

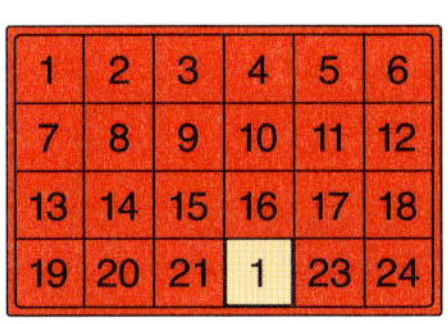

So arbeitest du weiter, bis alle Plättchen im Geräteboden liegen. Schließe dann das Gerät und drehe es um. Öffne es von der Rückseite.

Wenn du das bei der Übungsreihe abgebildete Lösungsmuster siehst, hast du alle Aufgaben richtig gelöst.

Passen einige Plättchen nicht in das Muster, dann hast du dort Fehler gemacht. Drehe diese Plättchen da, wo sie liegen, um, schließe das Gerät, drehe es um und öffne es wieder.
Jetzt kannst du sehen, welche Aufgaben du falsch gelöst hast. Nimm diese Plättchen heraus und suche die richtigen Ergebnisse.
Kontrolliere dann noch einmal!
Stimmt jetzt das Muster?
Das System ist für alle Übungen gleich: Die roten Aufgabennummern im Heft entsprechen immer den LÜK-Plättchen aus dem Kontrollgerät.
Die Feldzahlen bei den Lösungen sagen dir, auf welche Felder im Kontrollgerät die Plättchen gelegt werden.
In diesem Heft ist die Kontrolle nach Lösung der Aufgaben 1 bis 12 möglich. Wenn du nur 12 Aufgaben lösen willst, lege nur diese Plättchen in das Kontrollgerät.

Und nun viel Spaß!

Junge oder Mädchen ?

1 Paul — 22 | 24

2 Lea — 13 | 20

3 Emma — 18 | 23

4 Leon — 21 | 15

5 Mia — 20 | 17

6 Felix — 19 | 21

7 Ella — 23 | 13

8 Luis — 15 | 22

9 Emil — 24 | 14

10 Greta — 16 | 18

11 Clara — 17 | 16

12 Matteo — 14 | 19

Welcher unbestimmte Artikel passt?

13 
Bank
ein 22 | eine 21

14 
Fahrrad
ein 23 | eine 18

15 
Blatt
ein 19 | eine 16

16 
Kanne
ein 20 | eine 22

17 
Junge
ein 18 | eine 24

18 
Decke
ein 14 | eine 20

19 
Lehrerin
ein 13 | eine 17

20 
Vogel
ein 16 | eine 23

21 
Tasse
ein 21 | eine 14

22 
Hut
ein 24 | eine 15

23 
Messer
ein 15 | eine 19

24 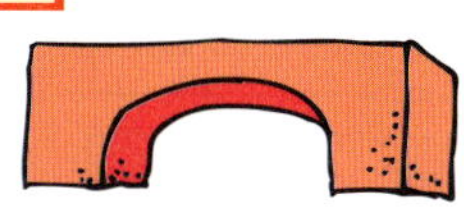
Brücke
ein 17 | eine 13

Welches Nomen gehört **nicht** dazu?

1 Auch Monate und Tage haben Namen und sind Nomen. Was gehört nicht dazu?

Nomen kann man nach Oberbegriffen (Sammelnamen) ordnen.

Zum Beispiel: Rosen, Tulpen und Nelken sind Blumen, aber Autos gehören nicht dazu.

1	
April	7
Bohne	6
März	4
Juli	3

2	
Milch	11
Wein	7
Flasche	9
Saft	6

3	
Bär	1
Tante	5
Opa	11
Frau	7

4	
Kuchen	6
Suppe	2
Pudding	8
Turm	5

5	
Stuhl	3
Tisch	9
Kopf	7
Bett	11

6	
Butter	10
Lineal	12
Tinte	2
Bleistift	1

7	
Käfer	8
Kuh	1
Berg	3
Reh	12

8	
Birne	2
Laub	11
Kirsche	10
Banane	8

9	
Kirche	4
Burg	10
Schule	12
Mehl	2

10	
Kleid	5
Haus	8
Rock	1
Mantel	9

11	
Garten	12
Drachen	4
Ball	5
Kasper	10

12	
Pilz	9
Tanne	3
Busch	6
Schal	4

Welches Nomen bedeutet das Gegenteil?

13	Freude	Wunsch	22	Leid	17	Wolke	13
14	Bruder	Nachbarin	16	Mann	14	Schwester	21
15	Mensch	Tier	13	Säge	20	Schloss	18
16	Hunger	Durst	18	Butter	23	Nuss	24
17	Sonne	Bach	21	Mond	15	Sonntag	22
18	Arm	Ohr	17	Knopf	16	Bein	14
19	Angst	Nebel	24	Fieber	21	Mut	16
20	Zucker	Sahne	14	Salz	24	Pfeffer	15
21	Vater	Mutter	20	Förster	13	Nikolaus	19
22	Stadt	Teich	19	Land	22	Zaun	20
23	Freund	Finger	15	Fahrer	18	Feind	23
24	Hand	Zange	23	Fuß	19	Mund	17

Verkleinerungsformen bei Nomen

Welche Endung passt besser?
chen oder lein ?

Durch die Endungen chen und lein wird alles klein.

Bei Wörtern mit -l passt besser -chen und bei -ch besser -lein.

			chen	lein
1		das Buch – das Büch-	8	7
2		das Dach – das Däch-	6	9
3		das Beil – das Beil-	12	1
4		der Bauch – das Bäuch-	4	8
5		das Tal – das Täl-	5	12
6	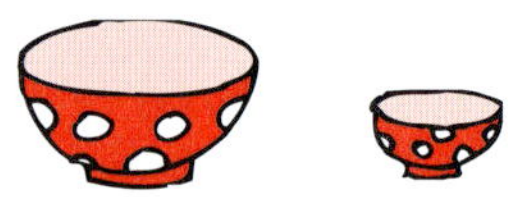	die Schale – das Schäl-	10	2
7		der Kelch – das Kelch-	11	3
8	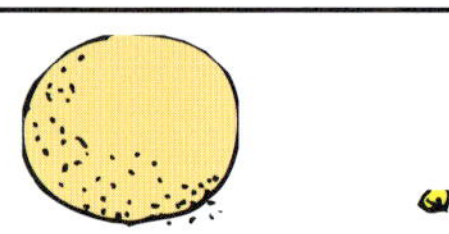	die Kugel – das Kügel-	1	10
9		der Mönch – das Mönch-	9	11
10		das Tuch – das Tüch-	7	6
11		der Pudel – das Pudel-	2	5
12		der Koch – das Köch-	3	4

Welches Wort gehört zu welchem Teekessel?

13

14

15

16

17

18

19

20

21

22

23

24

Bock	**16**
Boxer	**23**
Eselsohr	**18**
Feder	**19**
Fingerhut	**24**
Flügel	**14**
Fuchsschwanz	**17**
Kamm	**21**
Löffel	**13**
Pferd	**20**
Schloss	**15**
Strauß	**22**

Welches Nomen steht in der Einzahl?

1	Tiere	17	Schuhe	21	Auge	19	Spiele	24
2	Kühe	20	Würste	24	Steine	14	Wippe	21
3	Kassette	24	Zelte	14	Arme	20	Wege	15
4	Beine	15	Brille	20	Schiffe	22	Könige	19
5	Wälder	13	Klammer	17	Gesichter	24	Kleider	20
6	Katze	22	Meere	18	Töpfe	16	Sterne	17
7	Lineale	21	Schätze	23	Tasche	15	Züge	13
8	Bälle	18	Pflanze	13	Busse	21	Telefone	22
9	Kisten	14	Beeren	19	Nasen	13	Boden	23
10	Berge	23	Rehe	15	Gurke	18	Boote	16
11	Uhren	19	Kerzen	16	Schriften	23	Ofen	14
12	Karte	16	Plätze	22	Pferde	17	Bäume	18

Welches Nomen steht in der Mehrzahl?

13	Maske	4	Spitze	6	Glocke	2	Stifte	7
14	Ente	6	Brote	9	Raupe	10	Flöte	5
15	Fahne	9	Pfanne	8	Bäuche	11	Erbse	1
16	Mäntel	8	Nudel	10	Schaukel	7	Nagel	9
17	Kette	10	Zange	1	Krone	8	Küsse	3
18	Früchte	12	Zunge	11	Wiese	4	Geige	8
19	Vater	3	Felder	4	Hammer	12	Tochter	11
20	Dose	5	Trompete	7	Kekse	1	Tube	2
21	Pflaume	1	Häute	5	Fichte	3	Hecke	12
22	Gans	7	Zeugnis	12	Kompass	5	Autos	10
23	Hunde	2	Zweig	3	Blüte	9	Eule	6
24	Tomate	11	Hexe	2	Beile	6	Ecke	4

Wörtertafel: Zusammengesetzte Nomen

Was kaufen die Kinder in der Eisdiele?

	A Eis	B Mus	C Torte
1 Schokolade			
2 Apfel			
3 Pfirsich			
4 Nuss			

Setze die Wörter nach der Wörtertafel zusammen.

1 — 1 + B	2 — 3 + C
3 — 4 + A	4 — 3 + B
5 — 4 + C	6 — 1 + A
7 — 2 + A	8 — 4 + B
9 — 2 + C	10 — 3 + A
11 — 1 + C	12 — 2 + B

Apfeleis	1
Apfelmus	2
Apfeltorte	9
Nusseis	10
Nussmus	5
Nusstorte	3
Pfirsicheis	4
Pfirsichmus	11
Pfirsichtorte	8
Schokoladeneis	7
Schokoladenmus	12
Schokoladentorte	6

Wörterdreiecke: Zusammengesetzte Nomen

Finde die richtigen zusammengesetzten Wörter.
Bilde nur Wörter aus **zwei** Nomen.

13 14

15

16 17

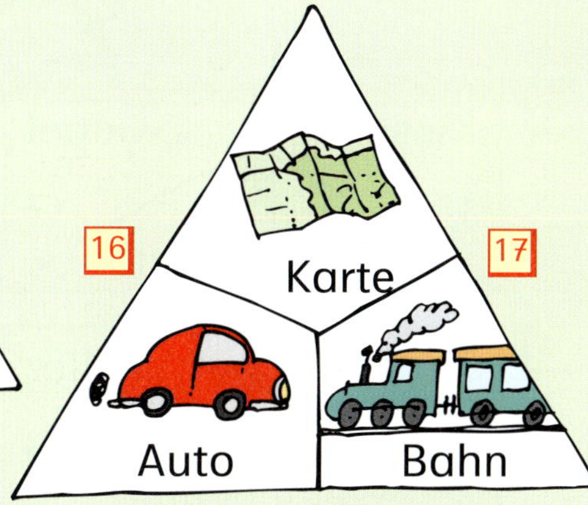

18

19 20

21

22 23

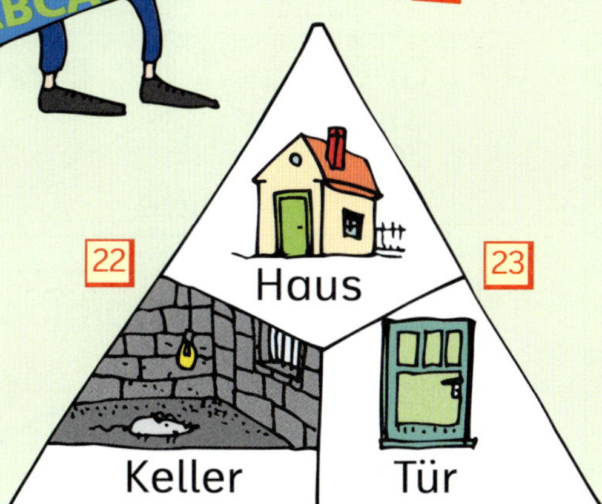

24

Autobahn	22
Autokarte	24
Bahnkarte	14
Brotmesser	13
Hauskeller	20
Haustür	17
Kellertür	16
Kinderbuch	21
Schulbuch	23
Schulkinder	19
Wurstbrot	15
Wurstmesser	18

Welches Nomen gehört zu den Schulsachen?

1
Kissen 18 | Zwiebel 17 | Tuschkasten 23

2
Bleistift 21 | Samstag 23 | Wohnung 17

3
Zeichenpapier 20 | Keller 13 | Weihnachten 19

4
Schnee 14 | Radiergummi 24 | Kartoffel 21

5
Zucker 19 | Eltern 21 | Lineal 14

6
Telefon 23 | Engel 16 | Federmäppchen 22

7
Rechenheft 16 | Regen 18 | Januar 15

8
Salat 15 | Schüssel 22 | Zirkel 18

9
Wald 13 | Buntstift 19 | Fabrik 24

10
Geburtstag 24 | Pizza 20 | Kreide 13

11
Ranzen 17 | Schnecke 14 | Beere 20

12
Zelt 22 | Malblock 15 | Fluss 16

Welches Nomen gehört nicht zum gleichen Bereich?

13	Musik
Lied	3
Gepäck	12
Flöte	5

14	Wetter
Nebel	8
Wind	6
Post	10

15	Werken
Leim	4
Mittag	8
Säge	3

16	Land
Ferien	11
Berg	2
Erde	8

17	Sport
Tennis	9
Zapfen	3
Eislaufen	1

18	Wasser
Brett	7
Fluss	4
See	12

19	Haushalt
Geschirr	2
Backofen	11
Stroh	4

20	Garten
Hecke	12
Gesicht	5
Zaun	11

21	Zeit
Brücke	1
November	7
Mittwoch	6

22	Gebäude
Hütte	5
Fenster	1
Familie	9

23	Arbeit
Topf	6
Lohn	10
Beruf	7

24	Möbel
Sessel	10
Tisch	9
Rad	2

Welches Pronomen passt?

1 „Unsere Namen sind Lea und Leon.“ –

„___ sind Geschwister.“

Ihr 2	Wir 5	Sie 4

2 „Mein Name ist Niklas.“ –

„___ spiele gerne Fußball.“

Ich 3	Ihr 7	Wir 1

3 Der Hammer ist aus Eisen.

___ ist sehr schwer.

Es 5	Sie 3	Er 2

4 Das ist Vanessa.

___ kann gut schwimmen.

Es 8	Du 9	Sie 6

5 Mutter ruft: „Hallo, Lukas und Jan!“ –

„___ könnt mit mir einkaufen.“

Ihr 7	Wir 12	Sie 3

6 Vater lobt: „Prima, Tim!“ –

„___ warst aber fleißig!“

Ich 1	Du 4	Es 9

7 „Mein Name ist Anna.“ –

„___ bringe Eis mit.“

Er 4	Ich 10	Sie 5

8 Das ist unser Kaninchen.

___ heißt Hoppel.

Ich 10	Wir 2	Es 11

9 Die Tulpe ist schön.

___ wächst im Garten.

Er 6	Sie 1	Es 10

10 Das ist Paul.

___ ist immer sehr lustig.

Du 11	Sie 6	Er 8

11 Das ist unser Baby.

___ kann noch nicht laufen.

Es 12	Er 11	Ich 7

12 Und das sind Marie und Lisa.

___ sind Zwillinge.

Sie 9	Ihr 8	Er 12

Welches Verb passt zu dem Gegenstand?

13

leben 20
lesen 17
laufen 15

14

schmecken 18
schimpfen 14
schneiden 16

15

kochen 13
kommen 22
kaufen 21

16

putzen 23
packen 18
pflanzen 20

17

fliegen 21
fragen 16
flüstern 13

18

stricken 24
singen 21
steigen 14

19

bringen 14
brechen 19
brennen 22

20

fahren 16
fangen 23
fallen 18

21

regnen 19
reden 15
rennen 23

22

schwimmen 15
schlafen 24
schneien 17

23

baden 22
basteln 13
backen 24

24

treffen 17
trinken 20
träumen 19

Welche Personalform des Verbs passt?

Auf der Klassenreise

1

Wir ___ die Musik.

hören	19
hörst	21
hört	17

2

Ihr ___ euch über das gute Wetter.

freuen	14
freust	19
freut	22

3

Sie ___ sich die Bälle zu.

wirfst	16
werfe	22
werfen	24

4

Du ___ an deinen Geburtstag.

denken	24
denkst	20
denkt	23

5

Verena ___ ihre Freundin.

ruft	17
rufst	13
rufen	21

6

Ich ___ ein Wanderlied.

singe	21
singt	14
singen	18

7

Robin ___ seine Wanderkarte.

suche	13
sucht	16
suchen	20

8

Wir ___ uns im Wald.

verstecke	18
versteckt	24
verstecken	13

9

Tina und Tom ___ auf den Baum.

klettern	23
klettert	17
kletterst	15

10

Ihr ___ über den Witz.

lachen	20
lacht	18
lachst	16

11

Du ___ den Buntspecht.

sehe	15
sehen	23
siehst	14

12

Er ___ gegen den Stamm.

klopfen	22
klopft	15
klopfst	19

In welcher Zeit steht das Verb?

Gegenwart oder Vergangenheit ?

Suche die passende Form des Verbs in der Vergangenheit!

1

Er sitzt.
Er ______.

2

Sie gießt.
Sie ______.

3

Sie schwimmt.
Sie ______.

4

Er springt.
Er ______.

5

Sie gräbt.
Sie ______.

6

Er schlägt.
Er ______.

7

Er schleicht.
Er ______.

8

Sie steht.
Sie ______.

9

Sie schneidet.
Sie ______.

10

Er fällt.
Er ______.

11

Sie findet.
Sie ______.

12

Er schreibt.
Er ______.

fand	16
fiel	18
goss	20
grub	17
saß	21
schlich	13
schlug	19
schnitt	24
schrieb	14
schwamm	23
sprang	22
stand	15

Suche zu dem Verb in der Vergangenheit die Grundform!

13	14	15
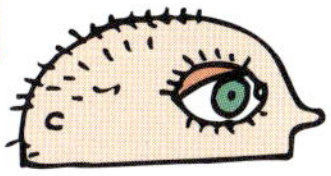 Er **sah**.	 Ihr **sägtet**.	 Es **lag**.
sagen **5**	sägen **7**	liegen **11**
sehen **9**	segnen **11**	lügen **3**
16	**17**	**18**
 Sie **riet**.	 Es **roch**.	 Es **fror**.
retten **9**	riechen **2**	fragen **6**
raten **10**	rauchen **4**	frieren **12**
19	**20**	**21**
 Ich **legte**.	 Er **schrie**.	 Sie **reiste**.
liegen **12**	schreien **3**	reiten **8**
legen **1**	schreiben **2**	reisen **6**
22	**23**	**24**
 Du **fühltest**.	 Er **lobte**.	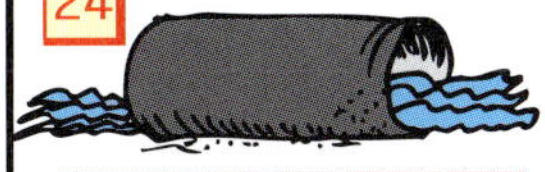 Es **floss**.
füllen **1**	loben **4**	fliegen **10**
fühlen **8**	lieben **7**	fließen **5**

Welcher Wortbaustein fehlt bei dem Verb?

Was wir in der Schule alles machen können
Ergänze den fehlenden Wortbaustein.

1	eine Geschichte ___ lesen	auf- 8	vor- 5	unter- 9
2	 ein Bild ___ malen	an- 1	ein- 7	her- 8
3	Weihnachtssterne ___ schneiden	über- 10	unter- 1	aus- 4
4	 den Bleistift ___ spitzen	aus- 12	weg- 2	an- 6
5	die Hausaufgaben ___ schreiben	weg- 7	auf- 10	her- 2
6	 ein Lied ___ singen	vor- 2	aus- 3	ein- 10
7	 eine Antwort ___ legen	unter- 5	über- 8	her- 12
8	den LÜK-Kasten ___ klappen	ver- 3	auf- 12	an- 11
9	eine Aufgabe ___ rechnen	an- 4	unter- 6	aus- 3
10	das Einmaleins ___ sagen	auf- 9	ab- 11	ein- 5
11	 eine Arbeit ___ fangen	an- 11	ein- 4	aus- 1
12	eine Turnübung ___ machen	aus- 6	um- 9	nach- 7

Welches Verb gehört zum gleichen Wortfeld?

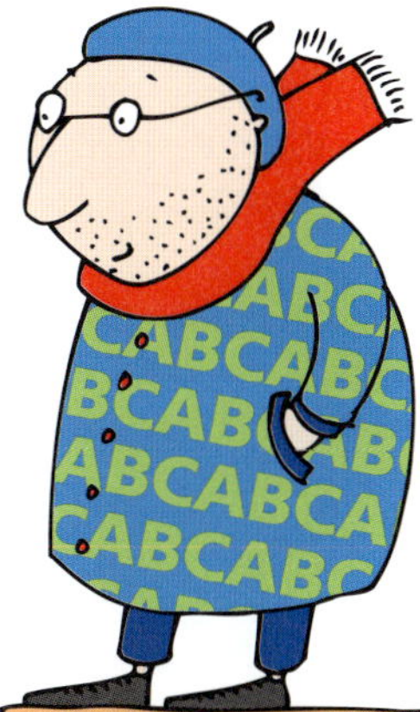

13	fahren
rasen	18
reiten	22
reden	17

14	sitzen
hüpfen	16
spielen	23
hocken	14

15	gehen
setzen	19
wandern	16
wohnen	20

16	reinigen
steigen	21
säubern	17
rufen	13

17	sehen
gehören	15
bitten	14
beobachten	19

18	fühlen
erzählen	17
tasten	15
verlieren	21

19	hören
lauschen	20
kaufen	22
mischen	23

20	essen
speisen	23
wünschen	24
backen	18

21	werken
pfeifen	24
basteln	21
bezahlen	16

22	sagen
sprechen	13
klingen	18
vergessen	15

23	werfen
entdecken	14
hängen	20
schleudern	24

24	laufen
fallen	19
treffen	13
rennen	22

Welches Wort gehört **nicht** zur Wortfamilie?

1	laufen
Ablauf	16
Läufer	20
Herbstlaub	17

2	kochen
Korb	15
Kochtopf	19
abkochen	16

3	waschen
Waschmaschine	22
Wäsche	24
aufwachen	14

4	reden
Redner	21
Regen	18
verabreden	24

5	fahren
Abfall	19
Fahrzeug	13
Abfahrt	23

6	graben
Grube	20
Türgriff	16
ausgraben	15

7	üben
Rechenübung	23
Übungsheft	14
überlaufen	21

8	reisen
verreisen	14
Milchreis	23
Reisebus	18

9	legen
Lebkuchen	13
Ableger	17
verlegen	19

10	schreiben
Abschrift	17
Schreibheft	22
aufschreien	20

11	springen
Wasserspritze	24
Weitsprung	15
Hochspringer	13

12	stehen
Stehplatz	18
Marktstand	21
Stellplatz	22

Welches Adjektiv passt am besten?

Wie sind die Gegenstände in der Küche?

13

lustig	**12**
scharf	**5**
weich	**6**

14

frisch	5
feucht	2
heiß	3

15

rund	1
müde	6
eckig	7

16

sauer	**6**
braun	**1**
stark	**5**

17

grün	**3**
schwarz	**9**
bunt	**12**

18

stumpf	9
stark	4
kalt	2

19

laut	10
hell	11
hungrig	7

20

kurz	**7**
mutig	**10**
sauber	**11**

21

klug	**2**
hart	**7**
schmutzig	**9**

22

rot	4
blau	8
gelb	1

23

wild	8
lang	12
mild	4

24

weit	**11**
reich	**3**
spitz	**8**

Welches Adjektiv bedeutet das Gegenteil?

1	dick
glücklich	21
weit	19
dünn	23

2	früh
spät	19
schwach	24
glatt	13

3	lieb
schwer	13
böse	21
flüssig	16

4	jung
nahe	15
sandig	22
alt	24

5	gut
lang	23
schlecht	16
neblig	22

6	hoch
tief	20
herzlich	17
fein	21

7	hart
ganz	16
weich	14
einsam	18

8	groß
klein	18
fremd	23
reich	14

9	fröhlich
traurig	22
eng	15
klar	19

10	krank
langweilig	14
sicher	20
gesund	15

11	fleißig
dunkel	24
riesig	18
faul	17

12	glatt
arm	17
rau	13
still	20

Welche Form des Adjektivs passt?

13

ein ______ Turm

schiefer	12
schiefe	8
schiefes	7

14

ein ______ Hemd

sauberer	6
saubere	3
sauberes	8

15

eine ______ Birne

reifer	1
reife	10
reifes	4

16
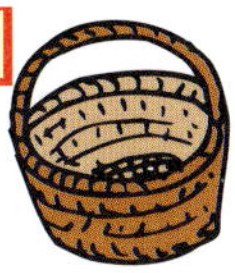
ein ______ Korb

leerer	11
leere	5
leeres	2

17

eine ______ Blume

schöner	10
schöne	1
schönes	12

18

ein ______ Haus

alter	2
alte	6
altes	9

19

eine ______ Tasche

offener	5
offene	2
offenes	1

20

ein ______ Kissen

weicher	9
weiche	7
weiches	5

21

eine ______ Gurke

saurer	8
saure	4
saures	11

22

ein ______ Brief

wichtiger	7
wichtige	11
wichtiges	3

23

ein ______ Kind

kranker	4
kranke	12
krankes	6

24

ein ______ Hund

treuer	3
treue	9
treues	10

Welche Vergleichsform des Adjektivs passt?

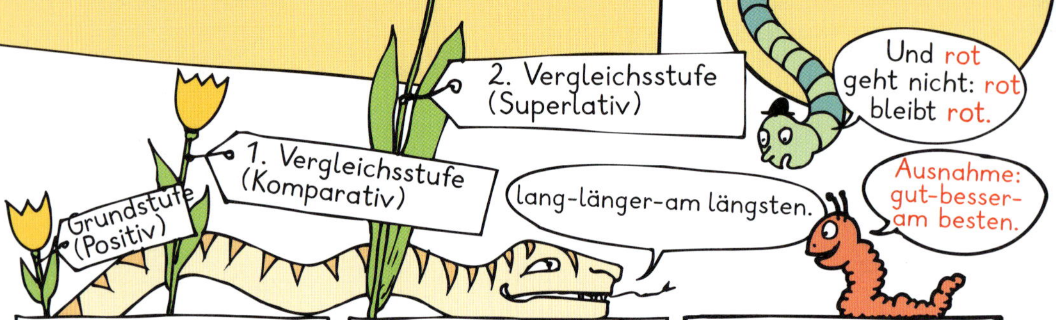

1

Paula ist so ______ wie Max.

2

Der Vater ist ______.

3

Marie ist ______ als Max.

groß **20** größer **21** am größten **24**

4

Das Auto ist ______ als das Fahrrad.

5

Der Rennwagen ist ______.

6

Das Fahrrad ist so ______ wie der Läufer.

schnell **23** schneller **19** am schnellsten **16**

7

Der Computer ist ______ als das Buch.

8

Das Buch ist so ______ wie das Spiel.

9

Der Wohnwagen ist ______.

teuer **14** teurer **18** am teuersten **22**

10

Der Elefant ist ______.

11

Der Hund ist so ______ wie der Fuchs.

12

Der Bär ist ______ als der Hund.

stark **13** stärker **17** am stärksten **15**

Vergleiche mit Adjektiven

wie oder als ?

13

Eine Ente schwimmt so gut ▢ ein Schwan.

wie	8	als	5

14

Der Igel ist schneller ▢ die Schnecke.

wie	4	als	12

15

Eine Melone ist schwerer ▢ eine Tomate.

wie	12	als	10

16

Der Clown ist so dick ▢ ein Mehlsack.

wie	7	als	8

17

Die Zweige sind dünner ▢ die Äste.

wie	1	als	6

18

Pflaumen schmecken süßer ▢ Paprika.

wie	10	als	9

19

Das Blatt ist so leicht ▢ Papier.

wie	5	als	2

20

Der Zwerg ist so klein ▢ eine Maus.

wie	2	als	11

21

Das Nashorn ist breiter ▢ das Schaf.

wie	6	als	4

22

Obst ist so gesund ▢ Gemüse.

wie	11	als	7

23

Der Fernsehturm ist höher ▢ die Kirche.

wie	3	als	1

24

Ein Hammer ist härter ▢ eine Kerze.

wie	9	als	3

Welche Wortart ist das?

Wo ist der Aussagesatz zu Ende?

Wo muss der Punkt stehen?

13 ES (**9**) REGNET (**8**) DIE (**10**) BUNTEN (**5**)

14 BLUMEN (**5**) BLÜHEN (**12**) DAS (**1**) GRAS (**2**)

15 WIRD (**12**) SAFTIG (**3**) GRÜN (**9**) DIE (**11**)

16 KINDER (**6**) WERDEN (**2**) NASS (**7**) SIE (**12**)

17 STELLEN (**1**) SICH (**10**) UNTER (**5**) NUR (**3**)

18 PETER (**7**) HAT (**6**) EINEN (**8**) SCHIRM (**10**)

19 WIR (**10**) FREUEN (**4**) UNS (**6**) DIE (**7**)

20 SONNE (**3**) SCHEINT (**7**) SCHON (**11**) WIEDER (**1**)

21 ES (**8**) WIRD (**9**) WARM (**3**) UNSERE (**6**)

22 KLEIDUNG (**4**) TROCKNET (**11**) ALLE (**2**) SPIELEN (**9**)

23 DRAUSSEN (**2**) DIE (**5**) KINDER (**4**) TREFFEN (**8**)

24 SICH (**11**) AUF (**1**) DEM (**12**) SPIELPLATZ (**4**)

Ist das ein Fragesatz oder ein Aufforderungssatz?

Ende gut, alles gut.

Nr.	Satz	?	!
1	Überlege, was du alles gelernt hast	3	12
2	Wo hattest du Probleme	8	4
3	Konntest du alle Fehler selber berichtigen	9	5
4	Sieh dir noch einmal in Ruhe alle Übungen an	1	11
5	Ist jetzt alles klar	4	10
6	Dann behalte das Gelernte gut	12	7
7	Lass es dir nacheinander und langsam durch den Kopf gehen	11	2
8	Hat es Spaß gemacht	6	9
9	Bist du mit dieser LÜK-Station wirklich ganz fertig	10	6
10	Überprüfe zum Schluss die Plättchen im Kasten	2	3
11	Räumst du deinen Kasten gleich weg	5	8
12	Gehe nun zur nächsten Station	7	1

Mach's gut bis zum nächsten Heft!